Steffen Schröder

Korporatismus - Eine Bewertung korporatistischer Modelle in der Bundesrepublik Deutschland

GRIN Verlag

Bibliografische Information der Deutschen Nationalbibliothek:

Die Deutsche Bibliothek verzeichnet diese Publikation in der Deutschen National-
bibliografie; detaillierte bibliografische Daten sind im Internet über http://dnb.d-
nb.de/ abrufbar.

Impressum:

Copyright © 2006 GRIN Verlag GmbH
Druck und Bindung: Books on Demand GmbH, Norderstedt Germany
ISBN: 978-3-640-11580-8

Dieses Buch bei GRIN:

http://www.grin.com/de/e-book/110459/korporatismus-eine-bewertung-korporatis-
tischer-modelle-in-der-bundesrepublik

GRIN - Your knowledge has value

Der GRIN Verlag publiziert seit 1998 wissenschaftliche Arbeiten von Studenten, Hochschullehrern und anderen Akademikern als eBook und gedrucktes Buch. Die Verlagswebsite www.grin.com ist die ideale Plattform zur Veröffentlichung von Hausarbeiten, Abschlussarbeiten, wissenschaftlichen Aufsätzen, Dissertationen und Fachbüchern.

Besuchen Sie uns im Internet:

http://www.grin.com/

http://www.facebook.com/grincom

http://www.twitter.com/grin_com

Friedrich-Schiller-Universität Jena

Politikwissenschaftliches Institut

Korporatismus
Eine Bewertung korporatistischer Modelle in der Bundesrepublik Deutschland

Hausarbeit zum Proseminar:

„Verfassung und politisches System der Bundesrepublik Deutschland"

Sommersemester 2006

Vorgelegt von:

Steffen Schröder

1. Fachsemester, Magister
2.
HF Politikwissenschaft

NF Mittelalterliche Geschichte

NF Philosophie

Jena, den 30.7.2006

Gliederung

1. Einleitung

Die moderne Demokratie versteht sich als eine Staatsform, bei der die Herrschaft vom Volk ausgehen und politische Entscheidungen im Sinne des Volkes von frei gewählten Vertretern getroffen werden sollen. Diese Arbeit beschäftigt sich mit der Interesseneinbindung in den Prozess der politischen Entscheidungsfindung innerhalb der Bundesrepublik Deutschland. Die Politikwissenschaft bezeichnet dieses Zusammenwirken oftmals als eine Form des Korporatismus. In der Einleitung werde ich zunächst diesen wissenschaftlichen Terminus näher bestimmen sowie dessen Entwicklung und unterschiedliche Ausprägungen beschreiben. Im weiteren Verlauf der Arbeit werden die Interessen und ihre Organisierung im Mittelpunkt stehen. Was sind Interessen im politischen Sinne? Welche Organisationsformen gibt es und welchen gesetzlichen Regelungen unterliegen sie?

Im Anschluss werden mit der „Konzertierten Aktion" und dem „Bündnis für Arbeit, Ausbildung und Wettbewerbsfähigkeit" zwei Beispiele für kooperative Zusammenwirkungen innerhalb Deutschlands Untersuchungsgegenstände sein. Hierbei soll geklärt werden, worin die Motivation der teilnehmenden Gruppen für eine solche Zusammenarbeit liegt und wie die praktische Umsetzung aussieht. Im Fokus stehen dabei vornehmlich die Unterschiede der beiden Beispiele in Bezug auf die Ziele und die Durchführung. Des Weiteren bietet die zeitliche Differenz die Möglichkeit einer Analyse der Entwicklung staatlich-gesellschaftlicher Kooperation in der Bundesrepublik Deutschland innerhalb der letzten Jahrzehnte. Ausgehend von dieser Untersuchung der beiden Modelle wird dann eine Bewertung der Erfolge und Möglichkeiten solcher Zusammenarbeit folgen. Darauf basierend wird in einem abschließenden Fazit die Frage geklärt, wie groß der Einfluss einer solchen Zusammenarbeit auf die Entscheidungen der Politik tatsächlich ist. Sind Kooperationen zwischen gesellschaftlichen Gruppen und der staatlichen Politik bestandsfähige Bündnisse mit positivem Effekt auf die gesellschaftliche Entwicklung oder lediglich ein wirkungsloser Versuch der wirtschaftlichen Steuerung?

1.1 Korporatismus

Korporatismus ist ein weitgehend nur in der wissenschaftlichen Diskussion genutzter Terminus, der im Gegensatz zu ähnlichen Fachausdrücken wie Lobbyismus oder Pluralismus nicht den Weg in eine öffentliche Diskussion gefunden hat.[1] Dies liegt zum einen an einer negativen Assoziation des Korporatismusbegriffs mit seinen historischen Ausprägungen und Modellen sowie der immer weiter zunehmenden Differenzierung und Verwissenschaftlichung des Fachausdrucks. Die negative Prägung des Begriffs ist vor allem durch die Bedeutung der älteren Form, dem Korporativismus bedingt. Dieser bezieht sich auf die erzwungene Einbindung von Vertretungsorganen innerhalb der fest gefügten Hierarchie eines Ständestaates.[2] Zu einer endgültigen Diskreditierung des Korporatismus kam es vor allem durch das Modell des „ stato corporativo" im italienischen Faschismus unter Mussolini[3] sowie auch im nationalsozialistischen Deutschland unter Hitler. Erst in den siebziger Jahren wurde der negativ belastete Fachbegriff in der Bundesrepublik wieder aufgenommen. Allerdings grenzte man diesen bewusst von den erwähnten Ausprägungen durch Bezugnahme auf das aus der englischen Sprache stammende Wort „comparatism"[4] und einer versuchten Neuprägung als Neokorporatismus ab. Damit ist Korporatismus zwar noch nicht genau definiert worden aber ein Grundproblem dieser Begriffsbestimmung zumindest angedeutet worden. Die zahlreich vorhandene Literatur weist erhebliche Unterschiede in der Definition und Bewertung des Begriffs auf. Dies ist einerseits die Folge einer disziplinübergreifenden Beteiligung an der Korporatismusdebatte sowie anderseits einer immer stärker präzisierenden Unterteilung in verschiedene Formen wie beispielsweise dem liberalen oder pluralistischen Korporatismus.[5] Das Ziel dieser Arbeit soll es jedoch auch nicht sein, eine exakte und allgemeingültige Definition des Korporatismus zu liefern, sondern vielmehr eine Bewertung des Einflusses und der Möglichkeiten korporatistischer Modelle im Prozess der politischen

---

[1] Von Alemann, Ulrich, Vom Korporatismus zum Lobbyismus?, in: APuZ B 26-27 (2000) S. 3.

[2] Holtmann, Everhard, Art. Korporativismus, in: Holtmann, Everhard (Hrsg.), Politiklexikon, Oldenburg 2000 S. 307.

[3] Von Alemann, Ulrich, Art. Korporatismus, in: Mickel, Wolfgang W. (Hrsg.), Handlexikon zur Politikwissenschaft, überarbeitete Lizenzausgabe für die Bundeszentrale für politische Bildung, Bonn 1986 S. 265.

[4] Von Alemann, Art. Korporatismus, in: Nohlen, Dieter/Schultze, Rainer-Olaf, Pipers Wörterbuch zur Politik, Bd. 1 Abhängigkeit – multiple Regression München 1985 S. 265.

[5] Süllow, Bernd, Korporative Repräsentation der Gewerkschaften: Zur institutionellen Verbandsbeteiligung an öffentlichen Gremien, Frankfurt am Main 1982 S. 18.

Entscheidungsfindung und deren Durchsetzungschancen zu erreichen. Erleichtert wird diese Auswertung mit Hilfe einer regionalen Begrenzung auf die Bundesrepublik Deutschland und einer weiteren Konzentration auf zwei Modelle. Hierfür ist es ausreichend, den Korporatismus als Einbindung von gesellschaftlichen Großgruppen und Interessenträgern in staatliche Entscheidungsprozesse zu definieren. Es ist jedoch anzumerken, dass es sich dabei nicht um ein System der einseitigen Einbringung von Interessen in die Politik handelt, sondern um ein kooperatives Zusammenwirken von Staat und Interessenverbänden.[6] Eine nötige ausführliche Erläuterung einer solchen Kooperation werde ich für den Moment zurückstellen, um im Verlauf der Arbeit an den konkreten Beispielen der „Konzertierten Aktion" und dem „Bündnis für Arbeit, Ausbildung und Wettbewerbsfähigkeit" genauer darauf einzugehen. Ebenso wie bei den Definitionen des Korporatismus gehen auch die Meinungen über die Vorraussetzungen staatlicher Inkorporierung von Gesellschaftsgruppen auseinander. Diese sind zwar bei einer vollständigen Betrachtung des Themas nicht vollkommen zu vernachlässigen. Da sie jedoch für die spezielle Fragestellung keine große Relevanz haben, ist es ausreichend, einige Grundvoraussetzungen, über die in der Wissenschaft größtenteils Einigkeit herrscht, zu nennen. Überaus wichtig ist, die Begrenzung der partizipierenden Interessengruppen um eine konstruktive Zusammenarbeit zu ermöglichen. Darüber hinaus ist ein hoher Grad der Organisation der gesellschaftlichen Gruppen und nicht zuletzt ein ausreichendes Verpflichtungspotenzial der Führung eines Verbands zur internen Durchsetzung der Entscheidungen nötig.[7] Abschließend muss man feststellen, dass auch für die Regierung stabile und eindeutige Mehrheiten notwendig sind, um als Vertrauenswürdiger Kooperationspartner anerkannt zu werden. Man könnte nun mit dieser Festlegung einer für die Arbeit ausreichenden Definition und der Aufzählung einiger Vorrausetzungen die Begriffsbestimmung abschließen und zu dem nächsten Teilbereich der Hausarbeit übergehen. Allerdings ist es meiner Meinung nach für ein vollständiges Verständnis der Thematik und vor allem für die Nachvollziehbarkeit der später zu behandelnden Argumente von Gegnern solcher Interessenintegration notwendig, einige Beispiele kurz zu erläutern.

---

[6] Von Winter, Thomas, Vom Korporatismus zum Lobbyismus. Paradigmenwechsel in Theorie und Analyse der Interessenvermittlung, in: ZParl (Heft Jahrgang 35 2004) S. 762.
[7] Schubert, Klaus, Art. Korporatismus/Korporatismustheorien, in: Nohlen, Dieter/Schultze, Rainer-Olaf (Hrsg.), Lexikon der Politikwissenschaft: Theorien, Methoden und Begriffe, Bd.1 A-M 3. aktualisierte und erweiterte Auflage München 2005 S. 485.

1.2 Formen des Korporatismus

Das älteste von der Wissenschaft als korporatistisch bezeichnete System ist schon im mittelalterlichen Ständestaat des 12. und 13. Jahrhunderts zu finden. Es bezieht sich dabei in erster Linie auf die Vertretung von „Ständen" in den Staatsorganen.[8] Umgesetzt wurde diese Einbeziehung vor allem durch die Vergabe von Verwaltungsaufgaben beziehungsweise von Hoheitsrechten. Diese im Mittelalter als Regalien bezeichneten Rechte wurden dabei an eine meist adlige oder geistliche Person verliehen. Staatliche Aufgaben wurden somit für eine zu erbringende Gegenleistung an eine bestimmte Persönlichkeit übertragen. Auf den ersten Blick scheint diese Zuteilung staatlicher Angelegenheiten an konkrete Personen wenig mit der erläuterten Einbeziehung von Interessengruppen gemeinsam zu haben. Allerdings sind dabei zwei grundlegende Dinge anzumerken. Erstens gibt es – wie erwähnt – verschiedene Arten des Korporatismus und die vollständige Übertragung von Verwaltungsaufgaben ist eine davon. Diese Form findet in einer demokratisch transformierten Art bis in die heutige Zeit, wie das Beispiel der Schweiz beweist, seine Anwendung. Dort wurde die Aids-Politik beispielsweise völlig auf den Aids-Hilfe-Verein übertragen, dessen Mitglied das schweizerische Gesundheitsamt ist.[9] Zweitens gilt ein eingetragener Verein im rechtlichen Sinne auch als Person. Der Unterschied zwischen der Einbeziehung von Personen und gesellschaftlichen Gruppen ist demnach nicht so beträchtlich, wie es auf den ersten Blick scheint. Ein überwiegend von den Gegnern des Korporatismus angeführtes Modell ist der „stato corporativo" unter Mussolini. Die Wissenschaft klassifiziert diese Form als klassischen oder autoritären Korporatismus, bei der sich die Struktur vor allem durch die erzwungene Einbindung von wirtschaftlichen und gesellschaftlichen Organisationen in hierarchische Entscheidungsverfahren kennzeichnet. Dabei stützen sich die Organisationen wiederum auf eine durch Zwangsmitgliedschaft geschaffene Basis.

---

[8] Süllow, Repräsentation der Gewerkschaften, S. 20.
[9] Czada, Roland, Art. Korporatismus, in: Nohlen, Dieter (Hrsg.), Wörterbuch Staat und Politik, Bonn 1993 S. 324.

Im Gegensatz dazu ist die gegenwärtige Ausprägung in demokratischen Staaten durch freiwillige Beteiligung der Interessengruppen und deren Mitglieder bei der Erfüllung politischer Aufgaben geprägt.[10] In der Regel wird diese Form als Neo-, demokratischer oder gesellschaftlicher Korporatismus bezeichnet.

2. Interessen

Eine wesentliche Vorraussetzung für den Korporatismus ist eine angemessene Organisation der Interessen innerhalb eines Staates. Die grundlegende Frage dabei ist, was überhaupt Interessen im politischen Sinne sind. Allgemein versteht man unter Interesse die Anteilnahme an etwas oder den Wissensdrang in Bezug auf ein bestimmtes Thema. In der Politikwissenschaft werden sie als ökonomische und soziale Absichten oder Forderungen, welche durch Gruppen und Organisationen an die politischen Vertreter herangetragen werden, definiert.[11] Sie bilden somit einen Rohstoff für den Prozess politischer Entscheidungsfindung.[12] Die Betonung der Gruppen und Organisationen muss dabei deutlich im Vordergrund stehen. Es steht zwar jedem Bürger der Bundesrepublik Deutschland eine individuelle Partizipation durch Formulierung und Einbringung eigener Präferenzen zu.[13] Die Umsetzung einer direkten Interessenvertretung jedes einzelnen Bürgers gegenüber dem Staat würde jedoch eine derartig hohe Komplexität zur Folge haben, dass ein konstruktives Arbeiten nicht nur verhindert werden würde, sondern auch technisch nicht realisierbar wäre. Deshalb schließen sich Bürger mit gleichen Interessen und Zielen zu Gruppen zusammen.

---

[10] Schubert, Art. Korporatismus, in: Nohlen/Schultze, Lexikon der Politikwissenschaft, S. 484.
[11] Schubert, Klaus/ Klein, Martina, Art. Interessen, in: Das Politiklexikon. 3., aktual. Auflage, Bonn 2003, S. 140.
[12] Rudzio, Wolfgang, Das politische System der Bundesrepublik Deutschland, 7. aktualisierte und erweiterte Auflage, Wiesbaden 2006, S.55.
[13] Schultze, Art. Demokratie, in: Nohlen (Hrsg.), Kleines Lexikon der Politik, S.52.

2.1 Die Organisation der Interessen

Verbände oder Interessengruppen sind in erster Linie als Organisationen zu verstehen. Sie übernehmen die Aufgabe, individuelle Interessen zu bündeln, die wesentlichen zu selektieren und diese zu artikulieren, um sie gegenüber der Politik zu vertreten. Diese Organisationen nehmen somit eine "intermediäre" Stellung zwischen dem Individuum und dem Staat ein, das heißt, dass sie zum einen die Interessen ihrer Mitglieder gegenüber dem Staat formulieren und repräsentieren, aber gleichzeitig getroffene Vereinbarungen vor ihren Mitgliedern vertreten müssen.[14] Das soll sowohl die Menge der in die Politik eingebrachten Interessen verringern, um eine konstruktive Einbeziehung in den politischen Entscheidungsprozess zu ermöglichen als auch die Durchsetzungsmöglichkeiten dieser Interessen durch eine breite Basis verstärken. Zum anderen soll der Politik aber auch die Einhaltung der mit den Interessenverbänden ausgehandelten Entscheidungen garantiert werden. Die Befolgung dieser Beschlüsse wird zudem durch das Streben der Verbände, als zukünftiger Verhandlungspartner für die Politik berücksichtigt zu werden, gewährleistet. Dies nötigt ihnen ein integrativ-befriedendes Verhalten bei der Präsentation der für ihre Mitglieder erreichten Ergebnisse ab.[15] Das soll allerdings nicht heißen, dass sich die Verbände dem Druck der Politik wehrlos unterwerfen, die Entscheidungen der Politik stillschweigend akzeptieren und sie an ihre Mitglieder weiterleiten, um nicht als Verhandlungspartner auszuscheiden. Stattdessen stehen ihnen überzeugende Druckmittel zur Verfügung, um ihre Interessen durchzusetzen. Da wäre vor allem die Entziehung der finanziellen Mittel zu nennen. Diese beschränken sich nicht nur auf direkte Zuwendungen an eine Partei, sondern können auch Investitionen in bestimmte Branchen oder Regionen einschließen. Darüber hinaus sind auch Boykottaktionen, Streiks, Demonstrationen und Kundgebungen zur Ausübung öffentlichen Drucks denkbar. Des Weiteren sollte man auch den Einfluss

---

[14] Voelzkow, Helmut, Art. Korporatismus, in: Andersen, Uwe / Wichard Woyke (Hrsg.):
Handwörterbuch des politischen Systems der Bundesrepublik Deutschland. 4. Auflage, Opladen 2000,
S.404.
[15] Rudzio, System der Bundesrepublik Deutschland, S. 57.

eines Verbands auf das Wahlverhalten seiner Mitglieder nicht übersehen.[16] Trotz dieser vorhandenen Machtposition kommt den Interessengruppen resultierend aus dieser zweifachen Verpflichtung gegenüber ihren Mitgliedern und den politischen Verhandlungspartnern verstärkt die Aufgabe eines Vermittlers zu. Der Vollständigkeit halber sei erwähnt, dass es sich nicht um einen Typus der Interessengruppe schlechthin handelt, sondern auch diese Organisationen sich differenzieren lassen, beispielsweise in Massenorganisationen wie den Gewerkschaften, Interessenverbänden wie dem ADAC, sowie Fach- und Berufsverbänden oder Standesorganisationen wie dem Deutschen Beamtenbund.[17] Diese Unterscheidung ist jedoch eine rein wissenschaftliche und soll lediglich der thematischen Lückenlosigkeit dienen. Eine für das Thema der Hausarbeit relevantere Betrachtung ist die der gesetzlichen Bedingungen und politischen Forderungen an einen Verein, um in den politischen Entscheidungsprozess miteinbezogen zu werden.

2.2 Gesetzliche Grundlagen der Interessenverbände

In der Rechtssprache werden die Interessengruppen und Verbände unter dem Oberbegriff der „Vereinigung" zusammengefasst. Diese genießen zwar aufgrund ihres nichtstaatlichen Charakters gewisse Freiheiten. Als öffentliche Organisationen sind sie jedoch an bestimmte Richtlinien ihrer Arbeitsweise und ihrer Struktur gebunden. Grundsätzlich steht es jedem Bürger der Bundesrepublik Deutschland frei, einen Verein zu bilden.[18] Im rechtlichen Sinne werden diese Vereinigungen in eingetragene und nicht eingetragene Vereine differenziert. Der Unterschied zwischen diesen beiden Typen liegt dabei vor allem in ihrer Haftbarkeit. Um einen Verein eintragen zu lassen, ist lediglich ein Statut mit dem Zweck des Vereins, welches von sieben Personen unterschrieben wird, nötig. Während eingetragene Vereine im juristischen Sinne als „natürliche Person" gelten, bei der nur das Vermögen des Vereins und nicht das Privatvermögen der Mitglieder haftbar ist, sind die Handelnden nicht eingetragener Vereine mit ihrem Privatvermögen für die Vereinsschulden haftbar. Verbände fallen in der Regel unter die juristische Kategorie der

---

[16] von Alemann, Ulrich, Aktionsformen der Verbände, in: Informationen zur politischen Bildung 1996/253, S.238.
[17] Schubert/Klein, Art. Verband, in: Das Politiklexikon, S. 297.
[18] § 9 Abs. 1 Satz 1 GG.

eingetragenen Vereine. Eine große Ausnahme bilden hierbei die Gewerkschaften, die sich in der Regel nicht als Verein haben eintragen lassen. Mit diesem Beispiel wird deutlich, dass eine Eintragung als Verein keine Anforderung an interessenvertretende Organisationen für ihre Inkorporierung in die Politik ist. Eine Grundvoraussetzung für die staatliche Anerkennung als Verein ist hingegen eine demokratische Struktur. Dies beinhaltet in erster Linie einen frei gewählten Vorstand[19], der als Vertreter in gerichtlichen und außergerichtlichen Belangen fungiert.[20] Darüber hinaus müssen Entscheidungen innerhalb eines Vereins von der Mehrheit seiner Mitglieder schriftlich oder persönlich auf einer Versammlung angenommen werden.[21] Diese Regelungen sind jedoch nur als Mindestanforderungen an die demokratische Organisation eines Vereins zu verstehen, die Bedingung für eine politische Partizipation ist.

3. Korporatismus am Beispiel der „Konzertierten Aktion" und dem „Bündnis für Arbeit, Ausbildung und Wettbewerbsfähigkeit"

Deutschland gilt zwar im internationalen Vergleich aufgrund seiner nicht sehr starken Zentralisierung der Organisationsstruktur als nicht typisch korporatistischer Staat.[22] Dennoch versuchte die Politik dieses Mittel in der Vergangenheit wie bei der „Konzertierten Aktion" zu nutzen. Dieses spezielle Modell wurde als Reaktion auf eine drohende Rezession initiiert und durch das am 8. Juni 1967 in Kraft getretene „Gesetz zur Förderung der Stabilität und des Wachstums der Wirtschaft" (StWG) festgeschrieben. Beschrieben wurde die Aktion darin als aufeinander abgestimmtes Verhalten der Bundesregierung, Gebietskörperschaften, Gewerkschaften und Unternehmensverbände zur Sicherung des Gesamtwirtschaftlichen Gleichgewichts.[23] Es wurde somit versucht, durch eine gemeinsame Vorgehensweise der Teilnehmer eine wirtschaftliche Planbarkeit mit dem Ziel einer Stabilisierung des Preisniveaus, der Erhöhung des Beschäftigungsgrades, außenwirtschaftlichen Gleichgewichts und

---

[19] § 27 Abs. 1 Satz 1 BGB.
[20] § 26 Abs. 2 Satz 1 BGB.
[21] § 32 Abs. 1 Satz 1 BGB.
[22] Weßels, Bernhard, Die Entwicklung des deutschen Korporatismus, in: APuZ B 26-27 (2000) S.18.
[23] § 3 Abs. 1 Satz StWG.

eines stetigen Wirtschaftswachstums zu erreichen.[24] Die Richtlinien der gemeinsamen Vorgehensweisen wurden in einem Gremium bestehend aus 34 Personen aus neun Organisationen getroffen. Zu den Teilnehmern zählten unter anderem Vertreter der Arbeitgeber, der Gewerkschaften, des Sachverständigenrates zur Begutachtung der gesamtwirtschaftlichen Entwicklung und der Deutschen Bundesbank.[25] Die Leitung dieses erstmals im Februar 1967 zusammentreffenden Gremiums hatte der damalige Bundeswirtschaftsminister Karl Schiller inne. Trotz schneller Erfolge, die sich vor allem in maßvollen Lohnabschlüssen, dem Rückgang der Inflation und dem Sinken der Arbeitslosenzahlen von 670.000 auf 180.000 innerhalb von zwei Jahren äußerten, konnte rückblickend keine langfristige Wirkung erzielt werden. Das lag in erster Linie daran, dass die „Konzertierte Aktion" an sich durch die Erweiterung der Teilnehmer auf 80 an Effektivität in den Verhandlungsprozessen und somit an Bedeutung verlor.[26] Formal beendet wurde die Arbeit des Gremiums nach Konflikten zwischen den beteiligten Arbeitgeberverbänden und Gewerkschaften, woraufhin sich die Gewerkschaften nach der Einreichung einer Klage gegen das Mitbestimmungsgesetz durch die Arbeitgeber als Verhandlungspartner zurückzogen. Das Ende dieser Aktion war allerdings nicht das Ende korporatistischer Modelle in der Bundesrepublik Deutschland. So stand beispielsweise das 1998 von der rot-grünen Regierung ins Leben gerufene „Bündnis für Arbeit, Ausbildung und Wettbewerbsfähigkeit" in gewisser Tradition zu anderen tripartistischen Konsensfindungsmodellen in Deutschland, wozu auch die „Konzertierte Aktion" zu zählen ist. Das Anfangs noch als „Bündnis für Arbeit und Ausbildung" bezeichnete Modell bildete den Kern der Koalitionsvereinbarung zwischen der SPD und Bündnis 90/Die Grünen. Dieser exponierte Stellenwert des Bündnisses resultierte vor allem aus einer im Bundestagswahlkampf 1998 deutlichen Fokussierung auf die Frage nach einer erfolgversprechenden Strategie gegen die hohe Arbeitslosigkeit. Auf Drängen der Wirtschaftsverbände kam es noch im selben Jahr zu einer Erweiterung des Bündnisses, das sich schon im neuen Titel „Bündnis für Arbeit, Ausbildung und Wettbewerbsfähigkeit" äußert. Basierend auch auf den Erfahrungen aus der „Konzertierten Aktion", die nach der Erweiterung des Teilnehmerkreises an

---

[24] Pollert, Achim/Kirchner, Bernd/Polzin, Javier Morato, Art. Korporatismus, in: Das Lexikon der Wirtschaft. Grundlegendes Wissen von A bis Z. 2. Auflage Mannheim 2004, S.142.
[25] Schubert/Klein, Art. Konzertierte Aktion, in: Das Politiklexikon, S. 172.
[26] Weßels, Entwicklung des Korporatismus, in: APuZ B 26-27 S.19.

Effektivität eingebüßt hatten, wurde die Teilnehmerzahl des Bündnisses begrenzt und der Aufbau des Entscheidungsprozesses strikt hierarchisch angelegt.[27] An dessen Spitze stand der Bundeskanzler samt der involvierten Bundesminister sowie der Präsidenten und Vorsitzenden der wichtigsten Wirtschaftsverbände und Gewerkschaften. Die darunter liegende Ebene wurde vom Chef des Bundeskanzleramtes geleitet und mit geschäftsführenden Vertreten der Bündnispartner besetzt. Die Basis wurde von sieben thematisch differenzierten Arbeitsgruppen gebildet. Grundgedanke dabei war es, dass nur konsensmögliche Themen in die oberste Entscheidungsebene gelangen würden. Vervollständigt wurde die Binnenstruktur durch eine auf Branchendialogen basierende Parallelstruktur, bei der spezifische Einzelthemen direkt vom zuständigen Bundesminister behandelt werden sollen, und der Benchmarking-Gruppe. Diese hatte in erster Linie die Aufgabe eine gemeinsame Datengrundlage für die Bündnispartner zu schaffen. Dieser komplexe Aufbau verdeutlicht zum einen, welch hohen Stellenwert dem Bündnis durch die Bundesregierung zugeschrieben wurde, und zum anderen die thematische Erweiterung des Beschäftigungsfeldes im Vergleich zur „Konzertierten Aktion". Die Ausdehnung der behandelten Themenbereiche lag vor allem an veränderten Rahmenbedingungen. Während sich die „Konzertierte Aktion" hauptsächlich mit der Problematik der drohenden Rezession beschäftigte, musste sich das „Bündnis für Arbeit, Ausbildung und Wettbewerbsfähigkeit" mit einer verfestigten Massenarbeitslosigkeit und der wachsenden Globalisierung auseinander setzen.[28] Dementsprechend formulierten die Beteiligten beim ersten Spitzengespräch im Dezember 1998 einen ausführlichen Aufgabenkatalog. Dieser beinhaltete schwerpunktmäßig ein Reformbestreben beispielsweise im Bereich der Sozialversicherungsstruktur und der Unternehmenssteuer. Darüber hinaus setzte sich das Bündnis eine beschäftigungsfördernde Tarifpolitik, den Abbau bürokratischer Hemmnisse und die Senkung der Lohnnebenkosten als Ziel ihrer Zusammenarbeit.[29] Diese Maßnahmen sollten nicht nur die Massenarbeitslosigkeit bekämpfen, sondern den Unternehmen auch eine bessere Wettbewerbsfähigkeit in

---

[27] Haß, Hans-Joachim/Küntzel, Petra, Das Bündnis für Arbeit, Ausbildung und Wettbewerbsfähigkeit – erfolgreiches Modell der Sozialpartnerschaft?, in: Sozialer Fortschritt 52. Jg. (2003) S.204.
[28] Andersen, Uwe, Art. Stabilitätsgesetz/Konzertierte Aktion/Bündnis für Arbeit, Ausbildung und Wettbewerbsfähigkeit, in: Andersen/Wichard (Hrsg.): Handwörterbuch Systems Deutschland 2000, S.404.
[29] Eichhorst, Werner, Bündnis für Arbeit – Chancen vergeben?, in: Sozialer Fortschritt 51. Jg. (2002) S. 274.

der globalen Marktwirtschaft ermöglichen. Nach neun Spitzengesprächen in vier Jahren zerbrach das Bündnis kurz nach der Bundestagswahl 2002 aufgrund der nachlassenden Kooperationsbereitschaft der Bündnispartner.[30] Dies äußerte sich besonders deutlich an den Tarifverhandlungen der Gewerkschaften, die eklatant von der vom Bündnis vereinbarten beschäftigungsfördernden Lohnpolitik abwich.[31] Zwar erreichte das Bündnis gewisse Teilerfolge, wozu in erster Linie der moderierende Einfluss auf die Tarifparteien in der Lohnrunde 2000/2001 zu rechnen wäre, der sich allerdings durch schlechtere Wachstums- und Produktionsentwicklung als erwartet nachträglich als nicht so moderat herausstellte, und außerdem die Verwerfung der von der IG Metall geforderten Rente ab 60. Letztendlich fällt eine sachliche Bilanz allerdings eher negativ aus. So konnte weder die Arbeitslosigkeit noch die Bürokratie in der Wirtschaft zurückgedrängt werden. Ganz im Gegenteil ist die Zahl der Arbeitslosen nach kurzzeitigen, konjunkturell bedingten Rückgang wieder angestiegen und auch die bürokratischen Barrieren für die Wirtschaft sind entgegen der angestrebten Ziele verschärft worden. Als Paradebeispiele wären in erster Linie die Verschärfung des Kündigungsschutzes und die Sozialversicherungspflicht für geringfügige Beschäftigungsverhältnisse, welche vor allem eine Erhöhung der Lohnnebenkosten und somit eine Erhöhung der Kosten von Unternehmen zur Folge hatten, zu nennen.

Doch welche Ursachen gibt es für die ernüchternde Bilanz des von der rot-grünen Regierung mit so hochgesteckten Erwartungen ins Leben gerufenen Bündnisses? Die Meinungen darüber gehen, wie bei der generellen Bewertung des Korporatismus, auseinander. Aus liberaler Sicht lässt sich argumentieren, dass der, in diesem Beispiel vorhandene, bindende Bündnischarakter an sich schon einen Erfolg verhindert hat, weil ein konsensorientiertes Modell wie das „Bündnis für Arbeit, Ausbildung und Wettbewerbsfähigkeit", das sich durch den Unterbau lediglich auf die Bearbeitung entscheidungsfähiger Themen beschränkte, keine Lösung strittiger Themen erreichen könnte. Man wäre somit nur in der Lage sich auf einen kleinsten gemeinsamen Nenner zu einigen und wäre damit auch nur eingeschränkt

---

[30] Schmidt, Manfred G., Art. Bündnis für Arbeit, in Schmidt, Manfred G. (Hrsg.), Wörterbuch zur Politik, 2. vollständig überarbeitete und erweiterte Auflage, Stuttgart 2004, S. 125.
[31] Haß/Küntzel, Das Bündnis für Arbeit, in: Sozialer Fortschritt 52. Jg. (2003) S.205.

handlungsfähig.[32] Man könnte auch die Verantwortlichkeit der Gewerkschaften betonen, die ihre Lohnpolitik entgegen getroffener Vereinbarungen gestaltet haben, oder die mangelnde Verpflichtungsfähigkeit der Arbeitgeberverbände gegenüber ihren Mitgliedsunternehmen. Möglicherweise hatte die in der Bevölkerung verbreitete Sorge von Politik beeinflussenden Verbänden hemmend auf die Entscheidungen des Bündnisses gewirkt. Andererseits sollte auch die Frage erlaubt sein, ob es der Bundesregierung gelungen ist, ihre Karten richtig auszuspielen. Die Tarifautonomie in Deutschland begrenzt zwar den Interventionsspielraum der Politik, allerdings stehen ihnen durch Gesetzgebung und Ausgabenpolitik bedeutsame Druckmittel zur Verfügung, die jedoch in diesem speziellen Fall ungenutzt blieben. So realisierte die Regierung Forderungen wie dem Wiederherstellen des Kündigungsschutzes in Kleinbetrieben oder der Lohnfortzahlung, ohne sie in den Verhandlungsprozess innerhalb des Bündnisses einzubringen.[33] Damit gab die Politik freiwillig ihre gute Verhandlungsposition auf und könnte das Bündnis laut der neokorporatistischen Austauschhypothese zum scheitern verdammt haben.[34] Denn diese These besagt, dass man in Verhandlungsprozessen wie denen zwischen den Bündnispartnern nur etwas erreichen kann, wenn die Parteien etwas anzubieten haben. Letztendlich muss man wohl festhalten, dass es keine einhellige Meinung über die Gründe des Scheiterns geben kann und es wohl in erster Linie die Summe aller genannten Faktoren waren, die einen Erfolg verhinderten.

---

[32] Haß/Küntzel, Das Bündnis für Arbeit, in: Sozialer Fortschritt 52. Jg. (2003) S.206.
[33] Eichhorst, Bündnis für Arbeit, in: Sozialer Fortschritt 51. Jg. (2002) S. 277.
[34] Schubert, Art. Korporatismus, in: Nohlen/Schultze (Hrsg.), Lexikon der Politikwissenschaft, S. 485.

4. Fazit

Man könnte annehmen, dass ein Fazit über korporatistische Modelle nach den beschriebenen Beispielen eher negativ geprägt wäre. Ich bin allerdings der Meinung, dass im Korporatismus eine große Chance liegt, die immer komplexeren Probleme der Globalisierung, des Umweltschutzes und der Massenarbeitslosigkeit zu lösen. Es ist zukünftig für Politik kaum möglich, auf das Fachwissen oder die Kompromissbereitschaft gesellschaftlicher Gruppen zu verzichten. Man sollte allerdings nicht vergessen, dass der Neokorporatismus in Deutschland noch in den Kinderschuhen steckt und sich noch entwickeln muss. Es wäre wünschenswert wenn die Politik vorerst von Modellen, die sich auf einen gegenseitig verpflichtenden Konsens stützen, Abstand nimmt und fürs erste versucht, unverbindliche aber dafür dauerhafte Gesprächsrunden zwischen der Wirtschaft und den Arbeitnehmerverbänden zu initiieren. Darüber hinaus muss die Politik bestrebt sein, die wissenschaftliche Forschung verstärkt einzubinden. Diese Maßnahmen sind unentbehrlich um überhaupt die Grundlagen korporatistischer Modelle zu schaffen und so muss die Politik als Lehre aus den bisherigen Versuchen ziehen, dass es nötig ist, erst das Fundament zu schaffen, um das in Verbänden vorhandene gesellschaftliche Kapital zu nutzen.

Literaturverzeichnis:

1. Nohlen, Dieter (Hrsg.), Kleines Lexikon der Politik, München 2003.

2. Rudzio, Wolfgang, Das politische System der Bundesrepublik Deutschland, Wiesbaden 2006.

3. Schubert, Klaus/Klein, Martina, Das Politiklexikon, Bonn 2003.

4. Andersen, Uwe/Wichard, Woyke (Hrsg.), Handwörterbuch des politischen Systems er Bundesrepublik Deutschland, Opladen 2000.

5. von Alemann, Ulrich, Vom Korporatismus zum Lobbyismus: Die Zukunft der Verbände zwischen Globalisierung, Europäisierung und Berlinisierung, in: APuZ 2000/26-27.

6. von Alemann, Ulrich, Was sind Verbände, in: Informationen zur politischen Bildung 1996/253.

7. von Alemann, Ulrich, Innenleben de Verbände, in: Informationen zur politischen Bildung 1996/253.

8. Nohlen, Dieter/Schultze, Rainer-Olaf (Hrsg.), Lexikon der Politikwissenschaft, Bd. 1 A-M München 2005.

9. von Alemann, Ulrich, Aktionsformen der Verbände, in: Informationen zur politischen Bildung 1996/253.

10. Pollert, Achim/Kirchner, Bernd/Polzin, Javier Morato, Das Lexikon der Wirtschaft. Grundlegendes Wissen von A bis Z. Mannheim 2004.

11. von Alemann, Ulrich/Eckert, Florian, Lobbyismus als Schattenpolitik, in: APuZ 2006/15-16.

12. von Alemann, Ulrich, Verbände in Blick von Wissenschaft und Politik: Verbände in der Pluralismustheorie, in: Informationen zur politischen Bildung 1996/253.